AF262307

RÉFLEXIONS

SUR LA LIBERTÉ DES JOURNAUX,

EXTRAITES

DES RECHERCHES SUR LES PRINCIPES CONSTITUTIFS
DE L'ÉTAT SOCIAL,

OUVRAGE INÉDIT.

PAR

Gabriel - Pierre - Isidore Marquis de Guillaumanches
DUBOSCAGE, Lieut.-Général des armées du Roi, etc.

A PARIS,

Chez Charles BECHET, Libraire, Quai des Augustins.

1826.

A AIX, DE L'IMPRIMERIE DE H. GAUDIBERT.

Note préliminaire.

LES Journaux viennent d'émettre les prétentions les plus subversives de l'état social. J'ai été tellement effrayé des calamités qui doivent nécessairement résulter de théories politiques aussi fausses, que je regarde comme un devoir de chercher à détruire l'erreur, dans laquelle les peuples modernes sont tombés à cet égard.

Non, il n'est pas vrai que la licence des Journaux soit une conséquence inévitable du Gouvernement constitutionnel !

Non, il n'est pas vrai que les principes de l'ordre social puissent tolérer que les Journaux soient comptés parmi les pouvoirs de la société !

Non, il n'est pas vrai que ces mêmes principes puissent jamais conférer aux Journaux le droit de soumettre à leur censure les pouvoirs sociaux et leurs actes !

Il y a donc, dans ces fausses théories, subversion des bases fondamentales de toute société ; car de telles assertions, que l'on voudrait de nos jours ériger en maximes, sont non-seulement défectueuses en raisonnement, mais, ce qui malheureusement est beaucoup plus grave, elles deviennent crime de lèze-humanité, puisqu'elles mettent l'état social en hostilité permanente contre lui-même.

Il importe donc essentiellement que les véritables principes du Gouvernement constitutionnel soient enfin mieux connus. Tel est le motif qui m'a déterminé à extraire les Aphorismes suivans d'un Ouvrage politique, dont je m'occupe depuis bien des années. — Je remplis un devoir.

Les Aphorismes que je publie dans ce moment, laissent sans doute quelque lacune, qui ne peut être comblée qu'en lisant ces Aphorismes dans l'Ouvrage dont ils font partie ; mais il est plus facile à un homme infirme et souffrant de faire imprimer quelques pages, que de publier deux volumes in-8.° : voilà mon excuse.

Si je ne disais deux mots sur la liberté de la presse, dont il n'est pas question dans ces Aphorismes, on pourrait peut-être mal inter-

[5]

prêter mes intentions ; je me crois donc obligé d'expliquer franchement mon opinion sur ce sujet important.

La liberté de la presse dans l'état actuel de la civilisation est nécessaire au perfectionnement de l'esprit humain, mais la Loi doit rigoureusement en exclure :

1.º Tout ce qui a rapport aux pouvoirs de la société comme pouvoirs : le silence absolu doit de même être généralement prescrit sur tous les actes du pouvoir, la Loi ayant pourvu à leur censure : Aphorisme 193.

2.º Tout ce qui peut porter atteinte à la morale, doit aussi être sévèrement interdit à la liberté de la presse, parce que la morale étant la même pour tous les hommes, quelles que soient leurs religions et leurs opinions, il est de l'intérêt social que l'on regarde la morale comme l'arche sainte, sur laquelle aucun téméraire ne doit impunément porter la main ; c'est l'intérêt de tous, et l'intérêt de tous est la première loi de l'état social.

Les autres abus qui peuvent résulter de la liberté de la presse, n'attaquant pas la société entière, ne sont plus qu'un abus de la liberté

Individuelle ; or , chacun à ses risques , périls et fortune peut user et mésuser de sa liberté ; les lois ordinaires suffisent à la repression. Tels sont les véritables principes qui doivent servir de base à tout Gouvernement constitutionnel , je les crois si vrais et si nécessaires , que pour leur donner la plus grande publicité , je fais imprimer ce petit Ouvrage , et je l'adresse à chacun des pouvoirs de la société.

APHORISMES.

189.

Les Modernes *ont mal compris* le Gouvernement constitutionnel ; ils l'ont adopté de l'Angleterre, sans réfléchir que ce Gouvernement ayant pris naissance dans ce pays au milieu des plus grandes calamités politiques et religieuses, devait nécessairement avoir été altéré dans ses principes naturels.

Parmi les vices du Gouvernement constitutionnel, tel que l'ont adopté les Modernes, un des plus graves, est celui d'avoir établi en maxime *que la licence des Journaux est une conséquence inévitable de ce genre de Gouvernement.* — Il est temps enfin que la vérité dissipe cette erreur ; elle dit à tous les peuples :

« Dans la civilisation, *la liberté* est dans
» *l'ordre* ; hors de l'ordre est *la licence* ;
» dans la licence, la liberté n'existe plus,
» *c'est le désordre* ; et dans le désordre, point
» de stabilité, point de prospérité nationale
» qui soient durables. »

[8]

Dès-lors, il y a vice radical dans tout Gouvernement dont *la licence est une conséquence prétendue inévitable de ce Gouvernement.*

~~~~~~~~

190.

La liberté, dans l'état social, consiste en ce qui est de l'intérêt de tous. — C'est *l'ordre.*

La licence, est l'intérêt de quelques - uns mis en opposition avec l'intérêt de tous. — C'est *le désordre.*

~~~~~~~~

191.

Tout bon Gouvernement est *le pouvoir.* — Le pouvoir est *l'ordre inné*, ou la providence inaperçue qui se communique aux hommes pour les gouverner. Aphoris... (1) ce qui exclut nécessairement la licence *qui est le désordre.*

~~~~~~~~

192.

Dans les Gouvernemens constitutionnels, 'ordre résulte de l'accord *des quatre pouvoirs sociaux.* Aphorisme......

----

(1) Je laisse en blanc le N.º de tous les Aphorismes qui sont cités, attendu que les N.ᵒˢ actuels ne seront certainement plus les mêmes à l'époque où je ferai imprimer l'Ouvrage , un auteur faisant toujours quel= ques changemens à son manuscrit.
~~~~~~~~

[9]

Les Journaux et Écrits périodiques, tels qu'ils sont admis par les Modernes dans leurs Gouvernemens, sont *une puissance illégitime* qui s'introduit au milieu *des quatre pouvoirs sociaux* pour en troubler l'action, en prétextant la nécessité d'éclairer leur marche. Car les journalistes, sous peine de mourir de faim, et pour trouver le débit de leurs feuilles, doivent toujours être *en hostilité* contre un ou plusieurs de ces pouvoirs; il est dans leur essence de spéculer sur la nature de l'esprit de l'homme, dont l'inquiétude le porte à voir avec plaisir dénigrer tout ce qui est au-dessus de lui. Enfin, la puissance illégitime des Journaux devient l'appui des ambitieux et des factieux. — Analysons :

Les fonctions *des pouvoirs* dans l'état social sont de limiter et de diriger les passions humaines dans l'intérêt de tous.

Les fonctions *des Journaux* sont d'exciter et de faire fermenter ces mêmes passions, dans l'intérêt de telle ou telle faction. Aussi les Journaux en sont-ils venus au point qu'*une faction* n'est plus *une faction* ; c'est *une opinion*, *une couleur* ; et l'influence des mots est telle que bien des personnes que l'idée *d'une faction* révolteraient, se taisent devant *une couleur*, *une opinion*, lisent et s'inoculent le venin !...

On voit par-là, pourquoi le Gouvernement constitutionnel, ne sera jamais bien constitué, tant qu'il s'appuyera sur une base aussi fausse et aussi dangereuse, que celle de faire intervenir les Journaux *comme puissance de l'Etat;* puissance ayant le droit d'attaquer les pouvoirs légitimes. Aussi la liberté des Journaux est-elle *la principale cause* de l'inquiétude et de l'agitation qui troublent inévitablement les Gouvernemens constitutionnels qui la tolèrent ?

193.

Le droit de censurer les pouvoirs de la société et leurs actes, appartient exclusivement aux fonctionnaires que la Loi investit de cette mission. Ainsi cette censure réside de droit national, dans le chef de l'état, *le Roi;* et dans *les tribunes des corps législatifs.* Hors de-là, il ne doit y avoir dans l'Etat que *soumission et respect aux pouvoirs.* C'est *l'intérêt de tous,* et c'est par conséquent *la veritable liberté.*

Dès - lors, n'est - ce pas une incohérence absurde, que d'admettre dans le Gouvernement constitutionnel (comme le font les Modernes), *une autorité illégitime,* qui fait métier d'être

stipendiée *par le premier venu* , et qui ne sub-
siste que de ce moyen ?

N'est-il pas ridicule de penser que des écrivains ainsi stipendiés , connaîtront mieux les
intérêts de l'Etat , et les discuteront dans l'opinion publique avec plus d'impartialité et de
désintéressement , que les représentans de la
nation , choisis par elle parmi les hommes les
plus éclairés qu'elle renferme dans son sein ?

N'y a-t-il pas même une sorte de démence à
dire que les pouvoirs de la société ont besoin
d'être surveillés par des folliculaires institués
par leur propre caprice, et qui n'ont d'autre
mission que celle qu'ils se sont donnée eux-
mêmes ? — Le droit anti-social de surveiller et
censurer les pouvoirs sociaux !... C'est bien
là , certes , de la déraison la plus complète,
car on ne peut nier qu'il n'y ait *subversion
sociale* à souffrir dans l'Etat une puissance
illégitime et bâtarde ayant le droit de censurer, souvent même de vilipender les pouvoirs de la société ainsi que leurs actes ?

Quelle est l'institution politique ; Quelle
est la morale privée et publique ; Quels sont
les principes religieux qui peuvent résister aux
attaques quotidiennes des Journaux lorsqu'ils
tendent à y déverser le ridicule goutte à goutte?

[12]

Cependant en dépit des passions humaines, il
faut des institutions, une morale et une reli-
gion.—Il ne faut donc pas que les Journaux
en sapent les fondemens!

Enfin, n'est-ce pas l'oubli de toutes les
premières notions de la politique et de la
morale, que d'admettre en principe législatif
qu'un droit, *la liberté indéfinie des Journaux*,
droit essentiellement illégal puisqu'il est anti-
social, droit reconnu même par ses partisans
comme un vice politique, puisse cependant
devenir légal et servir de base à un Gouvernement ? – Mais, dit-on, c'est un mal *inévitable* dans le Gouvernement constitutionnel !—
Quoi! tout bon Gouvernement est *ordre*, et *le
désordre serait inévitable dans l'ordre ?* ... Une
semblable théorie ferait pitié, si les maux et les
calamités publiques qu'elle entraîne ne la ren-
daient révoltante pour tous les bons citoyens.
— Les Journaux répondent encore : nous rec-
tifions l'opinion publique en la dirigeant.

Mais vous la viciez au lieu de la diriger
vers *le bien*, puisque sur dix Journaux, dix
tendances, dix opinions différentes ; et le bien
est *dans une seule.* Donc *vous êtes nuisibles*, et
vous l'êtes d'autant plus que le droit de *former
l'esprit public*, est *un droit social* appartenant

exclusivement *aux pouvoirs de la société*, c'est-à-dire, au *Gouvernement* dont tous les pouvoirs font partie, chacun pour ce qui le concerne; eh certes! vous n'êtes point un pouvoir social. Enfin, si parmi ces pouvoirs il existait une puissance illégitime , quelle puissance encore, une puissance vénale et anti-sociale , qui eût le droit de surveiller et de censurer les pouvoirs sociaux et légitimes , *cette puissance serait seule alors le pouvoir*, et les pouvoirs sociaux lui seraient soumis; dès - lors, ils ne seraient plus *le pouvoir*. Telle est cependant la conséquence absurde de cette fausse et pernicieuse théorie. Tandis au contraire qu'il est de principe incontestable , que *les pouvoirs sociaux* ne relèvent que *des pouvoirs sociaux*. — Tels que le diamant, ils ne peuvent être polis que par eux-mêmes.

194.

Il en résulte donc que les Journaux et Écrits périodiques, dans un Gouvernement constitutionnel bien constitué , ne doivent être qu'*un écho* , répétant textuellement et faisant entendre jusqu'au fond des provinces les plus réculées, tout ce qui se dit aux tribunes nationales. Or, *tout écho* , répète sans réflexions ni commentaires.

Cela excepté, *le silence le plus absolu* sur les pouvoirs et sur leurs actes, doit leur être impérativement prescrit par la Loi, qui ne distingue pas leurs auteurs des autres citoyens. Enfin les journalistes relativement aux pouvoirs sociaux, ne sont que *des colporteurs de paroles*; je le répète, *des échos.*

Je suis loin et très-loin, de prétendre que parmi les journalistes il n'existe pas des écrivains recommandables, même d'un grand mérite; je me plais à leur rendre cette justice. J'affirme seulement, qu'ils n'ont pas *mission* de surveiller et de censurer les pouvoirs sociaux, j'affirme que même la nature de leur état, considérée soit en politique, soit en morale, est un obstacle invincible à ce qu'un droit aussi important puisse jamais leur appartenir dans tout Gouvernement constitutionnel qui connaîtra les véritables principes qui doivent l'organiser.

Enfin, j'ai analysé *le pouvoir*. Aphorisme... On y verra qu'il n'existe pas dans les Journaux la plus petite fraction, le moindre atome *du pouvoir.* — Que sont-ils donc ? — Une usurpation du pouvoir en opposition avec les bases fondamentales de l'ordre social; dès-lors, ils sont *licence et désordre.*

[15]

Tels sont , peuples modernes , *les véritables principes* du Gouvernement constitutionnel ; et *la licence des Journaux* est subversive de ces principes.

~~~~~~

195.

Maintenant , voulez-vous savoir quel est le funeste soutien de la licence des Journaux ? *C'est l'esprit de faction.*

Chaque minorité se sert de ces écrits journaliers pour fomenter des troubles dont elle espère faire son profit.

Une partie de la majorité craint une réaction , et veut conserver la licence des Journaux, afin de s'en servir à son tour si elle tombe en minorité.

Ainsi , laisser subsister *la liberté des Journaux* dans un Gouvernement, c'est y introduire *l'esprit de faction* ; c'est mettre *le loup dans la bergerie.*

~~~~~~

196.

Veut-on scruter *le sens véritable* de tous les articles des Journaux contre les différens pouvoirs et leurs actes ? Le voici :

Vous occupez des places ? — *Nous voulons les avoir* , et nous vous dénigrons autant que possible, afin de soulever l'opinion publique contre vous. S'il y avait de l'ordre et de la stabilité, le plus grand nombre d'entre nous n'obtiendrait jamais de hautes dignités, *et nous les voulons.* Dès-lors, ce qui produit *le plus* de places vacantes, et ce qui les produit *le plus promptement*, est ce qu'il nous faut ? — *Mais c'est une révolution !* — Qu'importe, vive la révolution !..... A la vérité quelques chefs seraient moins exigeans, et se contenteraient d'une révolution dans le Ministère !

Ainsi tout *le patriotisme ardent* des détracteurs du pouvoir, et le résumé politique de leur esprit comme de leur talent, *dans tous les pays et dans tous les siècles*, peuvent se réduire à cette simple phrase, aussi banale que claire et consise, « *Ote-toi de - là, que* » *je m'y mette.* »

Vous le voulez ? Soit. Je vous accorde cette révolution, et ces places que vous convoitez. — Et vous, qui vous croyez plus modérés, je vous accorde ces hauts emplois que vous embitionnez. Mais croyez-vous y rester ? — *Le moyen de vous renverser est connu*, on criera contre vous, comme vous avez crié contre vos prédécesseurs. Vous tomberez bientôt, les fauteurs de vos désastres tomberont à leur tour, et ceux-ci tomberont de même. Insensés! vous exhumez cette divinité du paganisme qui ne voulait, pour pontife de ses autels, que celui *qui tuerait son prédécesseur.* Allez donc encenser ces autels funestes? mais rappelez-vous que plus ce désordre durera, plus la nation entière sera malheureuse; plus elle le sera, plus les catastrophes politiques seront terribles et sanglantes ; enfin, souvenez - vous que les temps deviennent alors tellement sinistres, que les bourreaux finissent par trembler eux-mêmes, en tenant la hâche dont ils vont frapper leurs victimes! ... Prétendez-vous en douter ?... 93 *vous le dira.* Mais nous ne voulons pas de 93. — Nous ne voulons pas? — Qui peut faire rentrer dans son lit le torrent débordé ? Quelle digue put jamais arrêter son cours? Et quelle voix peut dire aux flots de la mer en fureur vous irez jusques-là, et vous n'irez pas plus loin!

Malheureux ! tels que Sanson, vous ébranlez les colonnes du temple. Eh bien ! si la providence vous exauçait dans sa colère, vous péririez, comme cet aveugle insensé, sous le poids des décombres amoncelés par vous-mêmes.

L'ambition des honneurs ne me fait point parler. Aujourd'hui, il n'en est plus pour moi que dans la tombe, et quand on est en sa présence, on dit la vérité. Croyez-moi donc, Français, hâtez-vous de jeter l'ancre, vous le pouvez encore, mais les momens sont précieux. Hâtez-vous, dis-je, de *stabiliser*; car

Le repentir tardif et inutile, est un remord inutile;

Le remord inutile, est le mal *par excès*.

197.

Mais quelles sont les véritables bases de tout état social sur la terre?

La stabilité des propriétés politiques dans les familles;

Les bonnes mœurs.

Ces deux moyens sont les seuls, n'en cherchez pas d'autres.? Aphorisme.....

Un Gouvernement constitutionnel bien constitué est donc fondé sur ces deux bases, *rendues invariables* par la soumission et le respect aux pouvoirs de la société.

198.

Le respect et la soumission, aux pouvoirs de la société et à leurs actes, doivent être *une conscience publique* : c'est la Loi des Lois , c'est le fondement de tout ordre et de toute stabilité.

199.

La première de toutes les lois , est de respecter la Loi , a dit Lycurgues. Il fit même de ce précepte la base de sa législation , parce qu'il savait que cette maxime sage est le principe de toute stabilité morale et politique. Voilà pourquoi, peuples modernes , l'observation de ce principe doit être *un véritable culte politique et moral* dans tout Gouvernement bien constitué.

200.

L'histoire nous apprend que les institutions humaines ne peuvent subsister et prospérer long-temps , si la Loi tolère *l'indifférence* pour ces institutions et permet *leur critique*. Cette indifférence et cette critique sont *des crimes* chez les peuples heureux , et *des bagatelles* chez les peuples corrompus. — Optez , mais optez , si vous l'osez , à la face d'Israël. — A ce prix est la prospérité et la durée des Empires , ou leur agitation et les calamités publiques. — Optez donc !